PRZYGODY
FENKA
Ufność
EMOCJE II
AF364879

PRZEDSZKOLE

Fenek z dnia na dzień jest coraz większy i wie coraz więcej o świecie. Ostatnio poznał wiele nowych emocji: nauczył się, co to znaczy za kimś tęsknić, i wie już, kiedy odczuwamy wyrzuty sumienia. Mama wyjaśniła mu również, czym jest wzruszenie. Dowiedział się, że złość nie jest niczym niewłaściwym i że każdy z nas czegoś się boi.

Dzisiaj w przedszkolu chłopca czeka kolejny dzień pełen wrażeń, podczas którego dowie się zupełnie nowych rzeczy i odkryje następne emocje.

Co stoi za przedszkolem?

– Kochani, zapraszam was na dywan! –
Nauczycielka woła dzieci, które odkładają
zabawki na miejsce i zajmują miejsca
w pośpiechu. – Mam dzisiaj dla was
wyjątkowe zadanie – mówi. – Na początek
dobierzcie się w pary.

Fenek od razu łapie za rękę kotka Maksa.
Pozostałe dzieci również siadają tuż obok
swoich najlepszych kolegów.

Pani Panda wręcza każdej parze jedną
opaskę do zasłaniania oczu.

Gdzie nauczycielka zaprosiła dzieci?

A B C D F f G H

– Wasze dzisiejsze zadanie nie jest łatwe – wyjaśnia nauczycielka. – Jedna osoba z pary powinna założyć opaskę, tak aby nic nie widziała. Zadaniem drugiej jest bezpieczne przeprowadzenie kolegi po trasie, którą za pomocą naklejek wyznaczyłam na podłodze.

Dzieciom bardzo podoba się ten pomysł i od razu chcą przystąpić do zadania.

– Zaczekajcie – zatrzymuje ich pani Panda. – Pamiętajcie, że osoba, która jest przewodnikiem, ma bardzo ważne zadanie: musi prowadzić kolegę tak, by był bezpieczny, o nic się nie potknął, nie przewrócił i nie uderzył – podkreśla.

Po chwili przedszkolaki rozpoczynają zadanie. Fenek i Maks decydują, że najpierw opaskę założy kotek. Fenek łapie go za rączkę i powoli prowadzi po trasie wyznaczonej naklejkami.

– Uwaga! Przed nami jest ławeczka! – ostrzega Fenek. – Musisz teraz zrobić duży krok, żeby ją ominąć.

Maksiu uważnie słucha wszystkich wskazówek Fenka i tym sposobem bezpiecznie pokonuje całą trasę. W tym samym czasie udaje się to też innym przedszkolakom: żabce Ali, którą prowadzi jej siostra Maja, a także świstakowi Karolowi, który jest w parze z niedźwiadkiem Leonem.

Kto zdecydował, że opaskę założy najpierw kotek?

Teraz czas na zmianę. Tym razem opaskę zakłada Fenek, a Maks go prowadzi.

– Na pewno o nic się nie uderzę? – Fenek nie jest przekonany i trochę się boi.

– Spokojnie – pociesza go Maks. – Możesz mi zaufać.

I już po chwili Fenek, prowadzony przez swojego najlepszego przyjaciela, cały i zdrowy dociera na koniec trasy.

– Udało się! – woła zadowolony.

Po skończonym zadaniu pani Panda znów zaprasza dzieci na dywan.

– Zadanie, które dziś wykonaliście, nie było tylko zwykłą zabawą – mówi.

Co czuł Fenek, gdy Maks założył mu opaskę?

Wszystkie przedszkolaki uważnie słuchają.

– Aby dać się poprowadzić drugiej osobie,
trzeba jej zaufać, a to wcale nie jest takie
łatwe – wyjaśnia pani. – Jeśli ktoś jest naszym
przyjacielem, wiemy, że chce dla nas dobrze
i się o nas troszczy: wtedy możemy mu
zaufać i na pewno bezpiecznie dotrzemy
na koniec trasy – dodaje z uśmiechem. –
Komu jeszcze ufacie? – pyta po chwili,
a dzieci kolejno zgłaszają się do odpowiedzi.

– Moim rodzicom – zgłasza się Fenek.

– Babci i dziadkowi – odpowiada kotek Maks.

– Ja ufam mojej siostrze! – stwierdza żabka
Maja i uśmiecha się do Ali.

– Bardzo dobrze – mówi pani Panda. –
Cudownie jest mieć wokół siebie osoby,
którym możemy ufać. Powiedzcie
mi jednak, co by się stało, gdyby ktoś
z waszych przyjaciół nie powiedział
wam o jakiejś przeszkodzie i uderzylibyście
się o ławeczkę lub przewrócili?

Dzieci zastanawiają się dłuższą chwilę.
W końcu zgłasza się Fenek.

– Myślę, że wtedy już bym mu nie ufał –
odpowiada.

– Właśnie. – Pani Panda kiwa głową. –
Dlatego tak ważne jest, by nie zawieść
czyjegoś zaufania.

– Czy ktoś z was chciałby jeszcze coś dodać? – pyta nauczycielka. Wtedy zgłasza się niedźwiadek Leon.

– Moja mama mówi, że nie wolno ufać obcym – stwierdza.

– Tak, to bardzo ważne. – zgadza się z nim pani Panda. – Jeśli kogoś nie znamy, nie mamy pewności, czy chce dla nas dobrze, dlatego też nie powinniśmy mu ufać – wyjaśnia.

– Pan policjant Nosorożec mówił nam, że nie można nigdzie odchodzić z obcymi, nawet jeśli dają nam cukierki! – przypomina sobie Maks.

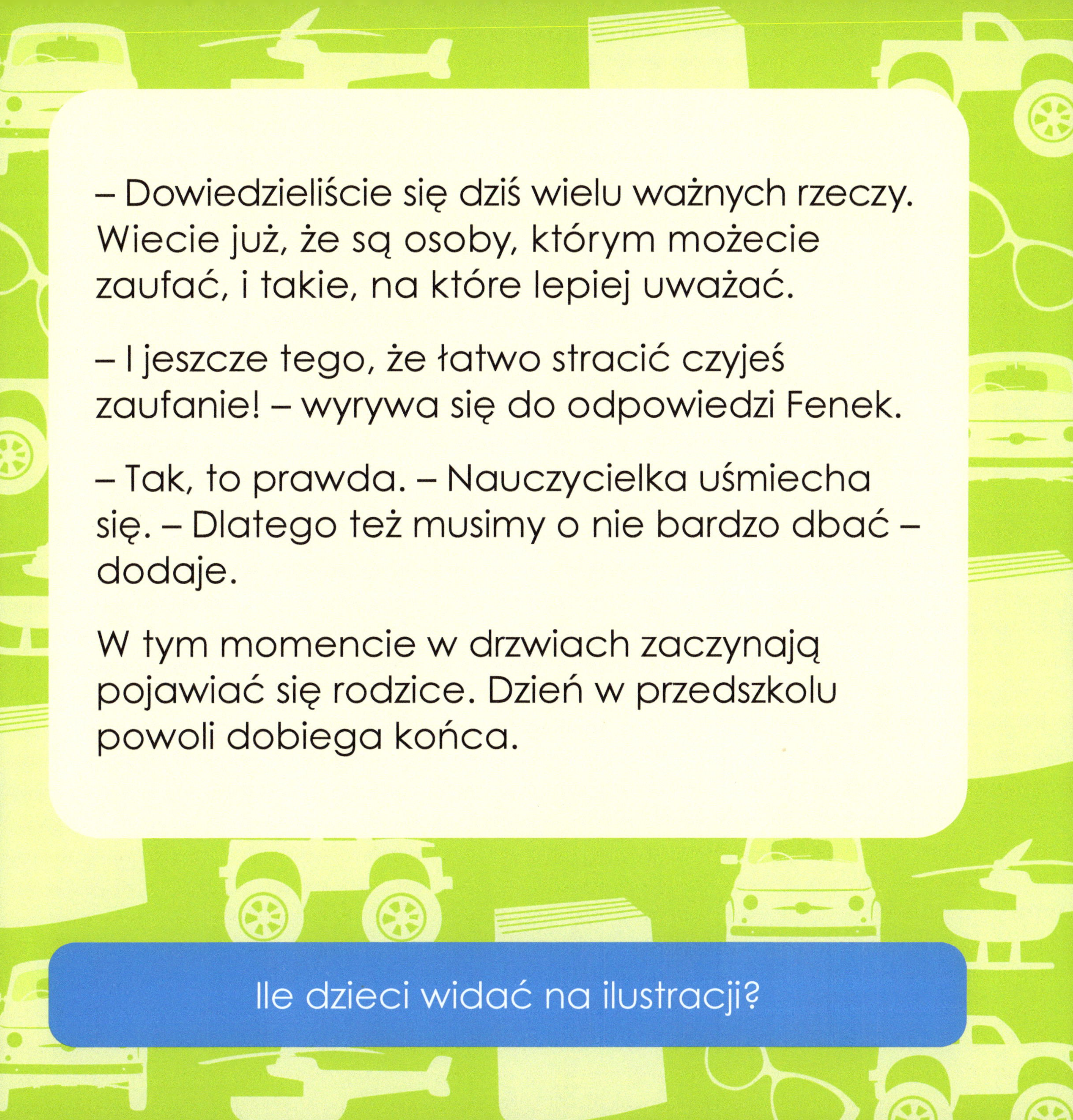

– Dowiedzieliście się dziś wielu ważnych rzeczy. Wiecie już, że są osoby, którym możecie zaufać, i takie, na które lepiej uważać.

– I jeszcze tego, że łatwo stracić czyjeś zaufanie! – wyrywa się do odpowiedzi Fenek.

– Tak, to prawda. – Nauczycielka uśmiecha się. – Dlatego też musimy o nie bardzo dbać – dodaje.

W tym momencie w drzwiach zaczynają pojawiać się rodzice. Dzień w przedszkolu powoli dobiega końca.

Ciekawe sposoby spędzania czasu z dzieckiem

Porozmawiajcie o zaufaniu. Wymieńcie osoby, którym możecie zaufać. Przypomnijcie sobie sytuacje, w których ktoś zawiódł wasze zaufanie. Jak się wtedy czuliście? Dobrym pomysłem jest przeprowadzenie ćwiczenia podobnego do tego, które zaproponowała przedszkolakom pani Panda. Zaufaj swojemu dziecku i pozwól się poprowadzić, a potem zamieńcie się rolami. Zwróćcie szczególną uwagę na sytuacje niebezpieczne, w których powinniśmy zachować ostrożność i nie ufać obcym.

Dzięki tej książeczce Twoje dziecko:

– pozna kolejną emocję: ufność;
– dowie się, że zaufanie to bardzo ważna sprawa i że łatwo je stracić;
– pomyśli o wszystkich bliskich osobach, które chcą dla niego dobrze i którym może zaufać;
– zrozumie, że nie wszystkim można ufać i zawsze należy zachować ostrożność.

Znajdź układ 6 śladów.

1

2

3

Poznawaj rosnący świat książe
serii "Przygody Fenka
Ciesz się najnowszymi i nadchodzącym
przygodami i mnóstwem bezpłatnych zasobó
Czy masz którąś z tych niesamowitych przygód?
POLECANE PRZEZ PEDAG
GÓW I PSYCHOLOGÓW
EMOCJE
Złość
Strach
Zazdrość
Wdzięczność
Wzruszenie
Ufność
Wyrzuty sumienia
Tęsknota
Duma
Nieśmiałość
Przyjaźń
Miłość
Samotność
Szczypanie
Skarżenie
Samoocena
Śmierć w rodzinie
Adopcja
To moje ciało
Rozstanie rodziców
OSOBOWOŚĆ
Proszę
Przepraszam
Dziękuję
Pozdrowienia
Cierpliwość
Odpowiedzialność
Odwaga
Szacunek
Prawdomówność
Asertywność
Bezinteresowność
Kreatywność
Uczciwość
Planowanie
Punktualność
Spostrzegawczość
Wytrwałość
Samodzielność
Empatia
Lenistwo
Jesteśmy sobie potrzebni
Kłopoty ze słowami
Moje okulary
Nowy kolega

BEZPIECZEŃSTWO I ŚRODOWISKO

 · Numer alarmowy · BEZPIECZEŃSTWO
 · Ruch drogowy · BEZPIECZEŃSTWO
 · Trujące rośliny · BEZPIECZEŃSTWO
 · Znam swój adres · BEZPIECZEŃSTWO

 · Wiosna w ogrodzie · PORY ROKU
 · Lato nad morzem · PORY ROKU
 · Skarby jesieni · PORY ROKU
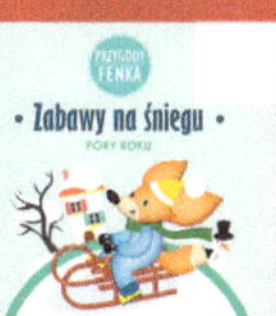 · Zabawy na śniegu · PORY ROKU

 · Moje drzewko · DBAM O ŚRODOWISKO
 · Segreguję śmieci · DBAM O ŚRODOWISKO
 · Sprzątanie świata · DBAM O ŚRODOWISKO
 · Woda to skarb · DBAM O ŚRODOWISKO

 · 12 miesięcy · CZAS
 · Zegar · CZAS
 · Dni tygodnia · CZAS
 · Noc i dzień · CZAS

 · Ogień · ŻYWIOŁY
 · Woda · ŻYWIOŁY
 · Powietrze · ŻYWIOŁY
· Ziemia · ŻYWIOŁY

CIAŁO I ZDROWIE

 · Węch i smak · ZMYSŁY
 · Wzrok · ZMYSŁY
 · Słuch · ZMYSŁY
 · Dotyk · ZMYSŁY

 · Jem zdrowo! · MOJE ZDROWIE
 · Lubię sport! · MOJE ZDROWIE
 · Myję ręce · MOJE ZDROWIE
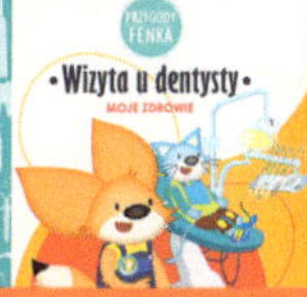 · Wizyta u dentysty · MOJE ZDROWIE

DOBRE ZACHOWANIE

MIEJSCA I WYDARZENIA

 · Pierwszy dzień w przedszkolu · WYDARZENIA
 · Ostatni dzień w przedszkolu · WYDARZENIA
 · Wielkanoc · WYDARZENIA
 · Boże Narodzenie · WYDARZENIA

 · Pobyt w szpitalu · WYDARZENIA II
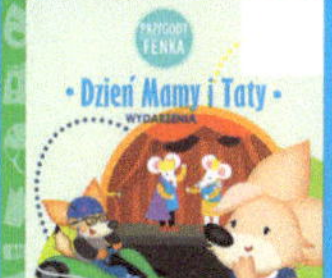 · Dzień Mamy i Taty · WYDARZENIA II
 · Dzień Babci i Dziadka · WYDARZENIA II
 · Wakacje bez rodziców · WYDARZENIA II

 · Biblioteka · MIEJSCA
 · Muzeum · MIEJSCA
 · Restauracja · MIEJSCA
 · Teatr · MIEJSCA